DE LA MANO DEL TIEMPO

Primera Edición: Octubre de 2024

© 2022 Víctor Monsiváis

© Editorial Séneca
Camino de Zagán, 9
28694. Sierra Oeste de Madrid
editorial@dharana.org

ISBN: 978-84-127764-3-0
Depósito Legal: M-19635-2024

Producción: Noumicon

Impreso en papel ecológico

Impreso en España. Printed in Spain

WWW.EDITORIALSENECA.ES
WWW.DHARANA.ORG

VÍCTOR MONSIVÁIS

DE LA MANO DEL TIEMPO

SÉNECA
EDITORIAL

ÍNDICE

Amanecer 11
Noche 12
Aquí y ahora 13
Ayer 14
Después de la lluvia 15
Soplo breve 16
Despertar 17
Efímero presente 18
Espejo 21
Invierno 22
Reflexión 23
A un espacio olvidado 24
Dos 26
Blue Night 27
Llueve 28
Otra noche 29
De la mano del tiempo 30
La otra mirada 31
Verano 32
Sugar Maple 33
Soledad 34
Ritmo 35
Primavera canadiense 36
Pretérito continuo 38
Espejismo 42
Recado 43
Ruby my dear 44
Niebla pasajera 45
Mudanza inexorable 46
Noble oficio 47
High Park 48
Septiembre 1985. Réquiem por una ciudad 49
Somos poemas 50
Diciembre 53
Haikú 54
A glorious accident 56
Soliloquio 57
Germinal 59
Un soplo de tiempo 60
Fatalidad 61
La última estación 62
Todo pasa todo el tiempo 63
Monólogo 64

A Patricia, Federico y Karina

"le temps laisse choir de petits poucets derrière lui

il fauche les fines molécules sur les prairies d'eau "

TRISTÁN TZARA

AMANECER

colgada de un pétalo
color de sangre
la gota de rocío

NOCHE

Entre el ocaso y la aurora
un laberinto de callejas mustias
se extiende sobre sueños superpuestos
ecos instantáneos remolinos grises

otra noche trasnochada
se disipa en el andar del tiempo
otro instante se trastoca
en el aliento de las brujas

AQUÍ Y AHORA

espacio y tiempo / aquí y ahora
no el futuro iluso –espejismo incierto–
ni el pasado yerto –reminiscencias vagas–

aquí y ahora
realidad tangible que se palpa
–como un soplo–
al instante que se desvanece

AYER

tiempo que se planta inmóvil
recuerdos imprecisos
invención de la memoria

ruido innecesario
necedad
pasos perdidos

no hay nada
ya no hay nadie
solamente el borroso recuerdo del ayer

Después de la lluvia

el sonido de las gotas persistió
besó la superficie de los charcos
la tarde se detuvo dos minutos
a pintar el zaguán del arcoíris

el sol volvió a llenar de luz el cielo
solamente para mi hermano y para mí
niños de cinco años en el centro
de una canica agüita verde oscuro

ahora: calidoscopio de recuerdos rotos
a punto de olvidar lo inolvidable
pasos lentos ahogados por el tiempo
luna llena inundada de pasado

después de la lluvia el mundo es otro:
mi hermano, yo, el sol, nuevos amigos
nuestros padres, la niñez, olor a luz
tierra mojada, gajos de futuro

SOPLO BREVE

fluir constante
semillas de vida
imágenes que no podemos ver
mientras suceden

sucesos iguales a sí mismos
pero diferentes
el hombre es tiempo
movimiento incesante que se desvanece

DESPERTAR

miro el mundo con renovado asombro
el instinto se afina
la pupila se dilata
el universo se vuelve otro:
más preciso
      más limpio
           más vivo

las horas son más líquidas
la luz más sosegada

Efímero presente

Dos gotas de agua en el cable distraído
suspendidas por la luz del sol menguante
un pájaro aletea (disturba su reposo)
      el instante se disipa
solo el recuerdo del agua permanece

*

Al amanecer
el color de Sakura
inunda el cielo

*

Casi desnuda
sobre las hojas secas
la lluvia canta

*

A cada instante
todo nos une a todo
y todo pasa

*

Poco a poco
de la mano del tiempo
el pasado muere:
        brota el presente
el presente languidece:
        nace el futuro

*

A su regreso
las golondrinas solo
oyen el tiempo

*

Gajos del pequeño cielo
que confirman
el milagro de la vida

*

Enamorados
a la luz de la vela
escribimos haikús

*

Al filo del crepúsculo el tiempo se detiene
eres tú:
paleta inagotable de colores imposibles
metamorfosis de la luz en el espacio del presente

*

Todo es incierto
quimeras inventadas
efímero presente

DE LA MANO DEL TIEMPO

Espejo

Veo tu imagen ondulante
en un cántaro hecho de sueños y sonido
la realidad se disipa

en el vientre del tiempo
germina otra realidad
hecha de la sustancia
de la que están hechas las sinapsis
—el tintineo de la lluvia—

realidad que se contempla a sí misma
con los codos apoyados
en el barandal del tiempo

INVIERNO

lluvia eterna
que demora su caída
cristales que danzan suspendidos
al paso breve de la redonda luna

hojas secas rodando solitarias:
residuo del otoño moribundo
la forma de las cosas
se trastoca entre copos oscilantes

metamorfosis del paisaje:
el color del mundo
se disipa lentamente
bajo instantes de escarcha silenciosa

sin prisa el sol se pone
la noche prolonga su estadía

en el quicio de mi puerta
la soledad se apila
en cristales de incierta geometría:
lo líquido cesa de existir

REFLEXIÓN

No intento decir nada
necesito hablar de todo:
la noche
la mañana
el asombro de estar vivos
–milagroso accidente de lo eterno–
gritar lo que se siente estar perdidamente enamorado
–otro milagro en el vórtice del tiempo–

A UN ESPACIO OLVIDADO

las piedras bola entonces nuevecitas
magreadas por el chorro del desagüe
todas las tardes de abril
    y de septiembre

estoy en donde estuve
entre las paredes llanas
del patio que recuerda
los andares de nosotros

trinchera de guerreros infantiles
arena de mil juegos de canicas
cómplice de fumadores clandestinos
testigo de besos debutantes

piel de naranja cortada en pedacitos
batallas a ligazos
lengua escaldada
con aroma de niñez

mi estatura de nueve años:
los muros son murallas
altas, infranqueables;
arriba un rectángulo de cielo

hoy visito tus huéspedes asiduos:
la llanta vieja, la araña sigilosa
el mosquitero roto
la breve lagartija

el rosal
patio mudo con ojos de pasado
amigo de mis hermanos
y mis padres

borroso estanque de recuerdos
apenas recordados por mis pasos
piedra de soledades y alegrías
donde el tiempo se detiene

entre chorros de agua arqueada
rayos de luz dialogan tenues
entre lluvias azules de septiembre
lloviznan instantes de mi vida

DOS

dos estrellas se acercan
para resolverse en una:
conjunción de todos los comienzos

en la alcoba
dos se aman:
el vacío se colma de luz indivisible

BLUE NIGHT

El tiempo se tuerce en la esquina de la calle
el camión de todas las noches se detiene
una vez más
bajo arbotantes apagados

un piano enmudece
la tristeza pulula
como cristales
que aún no alcanzan a formarse

los sentimientos se coagulan
en el tiempo derrotado
la luz
borra las estrellas

los vagabundos de la noche
se hacen invisibles
        desaparecen

LLUEVE

mil gotas de agua
bañadas de luz
al mismo tiempo
      enjambre de luciérnagas

lluvia trastocada
por el brillo
de reflectores
      que alargan el péndulo del tiempo

gotas de agua
pasión
rostros vacíos
      muchedumbres tristes

inmensa soledad
      en el juego de pelota

OTRA NOCHE

abro la puerta
alzo la cara
allá arriba
la oscuridad inventa estrellas

un pensamiento impregna
las nubes agotadas
los olmos cantan
el agua calla

bebo el tiempo infinito de la noche
por un rato el cuerpo me abandona
respiro
pienso

      palpo la eternidad
el ruido del tranvía
me devuelve al instante que transcurre

DE LA MANO DEL TIEMPO

Camino el otoño
Un cono de luz
ensancha el rumor de la hojarasca

La lluvia llueve más allá del tiempo
de los rostros y las voces
más allá de la memoria

Todo cruza el cuello fatigado
del reloj de arena
casas, coches
sombras de niños bajo el cielo

Momentos grabados
en océanos de luz
en la penumbra de los árboles
en los ecos de la muerte

Historia del hombre:
tiempo circular, poesía inédita
colofón incierto
momento que germina

Música improvisada
en el vacío del cosmos

Todo pasa en un instante:
        de la mano del tiempo,
        cruzamos el puente de lo eterno

LA OTRA MIRADA

prendo la luz
barro el piso
limpio la mancha del lavabo
la baldosa despostillada

tiendo la cama
afuera cae la nieve
la almohada huele a mar
mi pluma fuente necesita tinta

de pronto lo mismo es diferente:
la nieve
la cama
la pluma
la mancha
el universo

la mismidad se trastoca: es otra

VERANO

girar de abanicos soñolientos
bochorno azul intenso
niños empapados de sol claro
corren tras el camión de los helados

canícula desnuda
de aromas repentinos
béisbol nocturno
mojado por la luna

árboles bronceados
azoteas llenas de estrellas
sábanas calientes
lujuria en la penumbra húmeda

eros baila un vals
la noche camina hacia el poniente
     verano:
       parábola de la alegría

SUGAR MAPLE

Árbol de maple en mi ventana
Olor de primavera
Verdor de estío

El otoño te viste de colores
El viento y la lluvia te desnudan

SOLEDAD

"In my solitude, you haunt me"
Edward Kennedy Ellington

todo se ha borrado
queda solo un vacío mudo:
cascajo de vigilias aburridas

el espacio mismo se ha quebrado
el agua se ahoga entre sus lágrimas

la sombra se despoja de la carne
la carne es sombra
soledad, tedio, desamor

sombreros sin cabezas
ruedan arrastrados por el viento
son solo ecos
palabras horadadas

las gotas de agua se amontonan
en el cuello frío de la clepsidra
el espacio se estrella
de frente contra el tiempo

la infinita vacuidad se extiende al infinito
Sartre navega en un vacío pensado
la nada se da cuenta que no existe
queda hueca

Ritmo

la historia se dibuja
poco a poco
como un boceto de Leonardo

ritmo indefinido
casi adivinado
compás de espera incierto
    tal vez eterno

el vuelo circular de un ave
transfigura el tiempo
la tarde se hace sombra
    la noche se hace luz

PRIMAVERA CANADIENSE

tierra de mayos fríos
marzos helados

lugar lejano
donde los atardeceres peregrinos
caminan más allá del filo de la noche
y el sol se oculta más allá del horizonte raso

extraño las montañas
habito un suelo mudo
comparto el tiempo propio
el techo ajeno

siluetas recurrentes
primeros visitantes
reencuentro
recuerdos

conversaciones acostadas
bajo el techo ajeno
geometría turbia
memoria dislocada

tras la ventana confundida
el tiempo parece congelarse
la luna de mayo cruza el cielo
entre estrellas diferentes

aquí el Centauro
merodea más bajo
(allá merito)
besando el horizonte

PRETÉRITO CONTINUO

recordar el mundo es habitarlo
imágenes mudas brotan del espejo
garabatos de recuerdos
uncidos en bocetos de otros garabatos
las voces del pasado toman forma
los ecos se hacen claros
palabras que retoñan
en muros carcomidos
polvo de minutos
presencias recurrentes
charcos de memoria

un chorro arqueado dibujando el cielo
arcoíris instantáneos
que mueren al instante
renacen parpadeando en otro instante

recuerdos que se escriben y se borran
se rehacen y se olvidan:
un jardín de plantas transparentes
un niño quemado en una casa de cartón
fiestas alumbradas por un foco y mil estrellas
los carros de ferrocarril
el eucalipto
el peón de vía y su pobreza
ebrios en medio de los rieles

tiempo líquido
agua en todas partes
en los platanillos
el piso de tierra
la eterna primavera
música en el agua
lluvia en los patios
en los techos de lámina
en el cuadro de cemento

siempre mujeres en la casa
cuerpos ondulantes de muchachas
cuchicheos de penumbra en la cocina
el ruido de la lumbre de petróleo

mis pasos buscan entre árboles dormidos
puertas que no existen
otras que abren a cuartos aledaños
veo camas en penumbra
no hay pasillos
las ventanas abren a otros cuartos
oigo las sombras que están al otro lado
voces oscuras
retratos extraviados
presencias en roperos con espejos rotos
fantasmas con rostros de pasado
escriben un monólogo olvidado
¿qué dicen?
sílabas de agua que se desvanecen

las pláticas de mis mayores
impresiones sumergidas
horas abstractas
las canciones de mis padres
los cuentos las películas
resuenan en la luz de mi memoria
la cadencia sigilosa del tranvía
da la vuelta en todas las esquinas

amplio pasado recurrente
apunte en perspectiva
apenas dibujada
el barrio entero
las calles empedradas
todas las calles los cines las tiendas los jardines
los ruidos del mundo después de la llovizna

el patio es noche rectilínea
sueño que sigue los hilos de la enredadera
y se marchita al amanecer del nuevo cielo
sobre los mostradores de las tiendas de la esquina
mañanas de felicidad
aguaceros vespertinos
la música azul de las vitrolas
la mujer hermosa que vivía hasta el fondo
vecindades de baldosas rojas y amarillas
piletas llenas de agua

el tiempo es luz
agua estancada que sube hasta el rebosadero
cascada de horas y minutos
hiedra que escala muros de ladrillos invisibles
y pasa al otro lado

se desdoblan las sombras muy temprano
camino entre escombros de sucesos y lugares
me alejo de mí mismo
el mundo era en una burbuja tornasol

yo veía
el afuera y el adentro al mismo tiempo
caminaba alrededor:
vivía adentro

ESPEJISMO

miro el mundo de cabeza
reflejado en un charco de cristal

un algodón de azúcar
petrificado por la lluvia
madejas de tiempo anaranjado

la mañana
inventada por la luz
la noche
sedienta de penumbra

contemplo el universo de cabeza
en un charco hueco hecho de tiempo

Recado

vamos a ver pasar el mundo
correteando tras el tiempo
      desnudo
siéntate conmigo a ver el viento

no te preocupes si se tarda un poco
      o mucho
si la luz cambia de tono
      o no

siéntate conmigo
en silencio
sin que nada nos perturbe

RUBY MY DEAR

ecos de tiempo
madrugada eterna
sucesos delineados
por arpegios en bemol novena:

Coleman Hawkings.
—un bar en una esquina de Toronto

Thelonious Monk:
—un callejón lleno de luna solitaria
fogata en traspatios indigentes
entre edificios de Manhattan

Body and soul:
—un cafecito de Estambul

How high the moon:
—una calleja oscura en Buenos Aires

Ruby my dear:
—pasos lejanos en la niebla
de una madrugada peregrina
en San Francisco

Ellington y Bach
amanecen fumando en la colonia Roma
bajo un farol insomne

Niebla pasajera

fragmentos de tiempo
hilvanados por lunas vagabundas

agua que acaricia los árboles insomnes
las noches sin estrellas

como un sueño en sus hebras infinitas
una niebla pasajera nos envuelve

piedras hurañas caminando
entre los gritos ambiguos
de un sendero nómada

una brisa recurrente
penetra los cristales de la aurora

MUDANZA INEXORABLE

A Karina Monsiváis

Frágil mariposa que abandona
sin desearlo
el abrigo de la infancia

niña sorprendida
que se mira en un cuerpo de mujer
mujer asombrada que sigue siendo niña

relámpagos, vientos encontrados
río que se encuentra en un cauce diferente
universo de instantes confundidos

en el nuevo amanecer tus palabras
toman un color distinto
dices "mis amigas" con pasión novicia

ves el mundo con ojos diferentes
la vida entera
con tu nueva conciencia de la muerte

pasar de todo
mudanza dolorosa
inevitable

Noble oficio

el mundo se desquicia
en sus jornadas de rapiña
el poeta escribe

el mundo duerme
las pesadillas de sus culpas
el poeta crea

el mundo destila
envidias y mentiras
el poeta hace el amor

amanece en los barrios del silencio
habita en las palabras
que devuelven la mirada original

solo
entre la solitaria multitud
mira el tiempo nacer
en el girar del mundo desolado

HIGH PARK

El sol salpica de minúsculos diamantes
la superficie somnolienta del estanque

un pato pica el agua quieta
las ondas cadenciosas doblan la luz

reflejo de vuelo de gaviota
sobre las aguas de mayo

una flor de cerezo se desmaya
dibuja la espiral de su caída

al fin
un pétalo trastoca el agua
       poco a poco la primavera nace

Septiembre 1985
Réquiem por una ciudad

De pronto
el espacio se acabó
espacio concreto
continuo material

No el espacio sideral
vacío infinito
que murmura entre estrellas y galaxias

No el espacio cuántico
que duerme
y despierta intermitente
entre partículas fugaces

Se acabó el espacio minúsculo y eterno
de la vida frágil
trastocado por una sacudida
repentina y estridente

Gritos de dolor estrellan las ventanas
un edificio entero se hace polvo

Mi ciudad entera se quebró
después
volvió la calma
oliendo a muerte

SOMOS POEMAS

somos fantasmas
inventados por el tiempo

nada más

remolinos de polvo
tejiendo telarañas de luz
canción cantada entre galaxias
amor que se desdobla

fantasmas
junto a otros fantasmas
ecos de deseos
quimeras

¿Quiénes somos?
¿Polvo, Tiempo, Ecos, Luz?
somos un poema
deletreado por el tiempo

el recuerdo de todo lo que somos
el anhelo de lo que nunca fuimos
luz que canta en siete tonos
fantasmas con hambre, espectros con sed

palabras dispersas
tratando de ser verso
el inexorable yo
el nosotros

somos
el otro diferente a todos
solos con nuestra soledad
enamorados

puentes tendidos
sobre la luz y la tiniebla
motas de polvo
acariciadas por el sol

universos en trance
espectros llenos de palabras
que no se han inventado

musa y poeta al mismo tiempo
el creador y la creación
instante eterno
somos enredaderas
en los árboles del tiempo
brújulas que apuntan a la muerte

emanaciones cósmicas
que se miran a sí mismas
y recuerdan su origen
en la explosión de alguna estrella

somos la substancia de esta página
el objeto de la historia
sor juana y lupe
sócrates y juan

murmullo infinito y pasajero
soplo singular
posibilidad
somos el polvo de un poema
deletreado por el tiempo

DICIEMBRE

eternidad reflejada
en el paso breve
de la redonda luna

una hoja rueda solitaria
bajo la ventisca seca:
residuo del otoño desahuciado

estrellas que salpican de nostalgia
un sinfín de gotas de agua helada

los charcos se disipan
en cristales de geometría entumida

mil copos recostados en silencio
despiertan sorprendidos
trastocados por pisadas peregrinas

lentamente
el mundo se transforma:
es otro

HAIKÚ

*

Al amanecer
La Pirámide del Sol
Baja del cielo

*

La gota de agua
¿es luz, es vida eterna?
No: solo tiempo

*

En Chichen Itzá
Los dioses se reúnen
El tiempo cesa

*

Lento caminar
Poetas en silencio
Nacen los Haikú

*

Sol embrujado
Salpicado de lluvia
El arcoíris

*

Una bacteria
Millones de galaxias
Charco de tiempo

*

Acurrucada
Al norte del ocaso
La muerte espera

*

Poco a poco
De la mano del tiempo
El hombre muere

A GLORIOUS ACCIDENT

Un soplo del tiempo
cobijado por un sol
milagro cósmico
flor de la causalidad

materia forjada
en el corazón de las estrellas
movimiento entre océanos de quietud

organismos que brotan
y se multiplican
conscientes de sí mismos
desde antes del origen

seres que observan las galaxias
y a ellos mismos entre el sol y el mundo
una araña se descuelga de un hilo invisible:
instantes de la danza eterna

SOLILOQUIO

"¡Al menos flores, al menos canto!"

I

Todo se disipa
¿Algo perdura?

La efímera presencia de la madrugada
el dibujo secreto de tu risa
la cama infinita de mis noches

mis antiguos recuerdos, mis amores
mi mañana futura en otra estrella
alguien más leyendo este poema

o tal vez
algún día en alguna parte
estas letras se encuentren a sí mismas
reflejadas en un charco abandonado

II

Sigo despierto,
solo, ebrio, trasnochado
la nieve se esfumó
también la madrugada

los amigos
la amada
el hijo
todo

amanece
solo quedan los rescoldos de la música
el humo
y la cerveza

GERMINAL

la mañana inventa el día
chorro de luz diáfana que nace

agua viva
que transcurre lentamente
siempre nueva

una gota de tiempo germina
camina hacia lo eterno:
todos los días renace el mundo

Un soplo de tiempo

Otra tarde
baja la escalera
con su vestido
de domingo

su cabello huele a frío
nos hace un guiño
    —espera un poco
      le rogamos

nos avienta un beso enamorado
pasa de largo
y nos espera desnuda
en los linderos del ocaso

FATALIDAD

el virus en mi cuerpo
no duda en atacar
la Vía Láctea
también sigue su curso

La última estación

arroyo que se eleva
en la espiral del tiempo
calle empedrada
que se acerca al fin

el aquí y el allá
en el mismo sitio
tiempo degollado
por el instante inevitable

luz de sombras diferentes
ecos, visiones, espejismos
último crepúsculo del tiempo

TODO PASA TODO EL TIEMPO

todo es expresión, naturaleza, origen
movimiento en apariencia congelado
savia corriendo en la raíz del tiempo

vórtice de efectos y de causas
flores, cactus, agua, fuego
existencia que navega el viento

noche esclava del jardín prohibido
origen del dudoso pecado de ser libre
destierro de paraísos inventados

en otra vida acaso vi
una tarde que aún recuerdo:
—ahí plantado le canté a la lluvia

todo pasa todo el tiempo
la misma noche la descalza luna
la misma banca enamorada

mañana seré un hombre diferente
de quien esto escribe

MONÓLOGO

Dialogo con los árboles insomnes
oigo el diálogo de sus raíces desveladas
la savia en el torrente de sus venas

miro el crecer silencioso de las flores
el palpitar de las galaxias
el paso de los bichos de la noche

Se abre un hoyo en el tiempo
es de día
un día lluvioso
las cosas se aclaran
la luz es más afable
nada nubla la verdad
nada se interpone a la visión de lo esencial

Veo el amor:
lazo invisible que nos une con el infinito
la flor
la araña
el otro
presencia de un cuerpo de mujer
marejada de paz en el mundo carnicero

Barro el piso
compongo otra canción

Dialogo con mi calavera en el espejo:
todo es tan mezquino ante los ojos de la muerte

Siento el milagro de la vida
huelo el lápiz
el agua de la tina
el instante en que la luz se estira

El hoyo en el tiempo no se cierra:
me contiene

ÍNDICE ALFABÉTICO

A GLORIOUS ACCIDENT..56
A UN ESPACIO OLVIDADO...24
AMANECER 11
AQUÍ Y AHORA...13
AYER..14
BLUE NIGHT 27
DE LA MANO DEL TIEMPO 30
DESPERTAR..17
DESPUÉS DE LA LLUVIA...15
DICIEMBRE..53
DOS...26
EFÍMERO PRESENTE...18
ESPEJISMO...42
ESPEJO 21
FATALIDAD..61
GERMINAL...59
HAIKÚ 54
HIGH PARK 48
INVIERNO..22
LA OTRA MIRADA..31
LA ÚLTIMA ESTACIÓN 62
LLUEVE 28
MONÓLOGO..64
MUDANZA INEXORABLE...46
NIEBLA PASAJERA..45
NOBLE OFICIO 47
NOCHE..12
OTRA NOCHE..29
PRETÉRITO CONTINUO..38
PRIMAVERA CANADIENSE 36
RECADO 43
REFLEXIÓN..23
RITMO...35
RUBY MY DEAR..44
SEPTIEMBRE 1985. RÉQUIEM POR UNA CIUDAD 49
SOLEDAD...34
SOLILOQUIO 57
SOMOS POEMAS...50
SOPLO BREVE 16
SUGAR MAPLE..33
TODO PASA TODO EL TIEMPO 63
UN SOPLO DE TIEMPO 60
VERANO...32

EDITADO EN LA MONTAÑA DE LOS ÁNGELES

EQUINOCCIO DE OTOÑO 2024

∴

LOS BENEFICIOS EDITORIALES DE ESTA OBRA VAN DESTINADOS
A LA FUNDACIÓN DHARANA Y SUS PROYECTOS

WWW.DHARANA.ORG